FALTA MUITO?

Jenny Austin

Título do original: Are we getting close yet?
Autor: Jenny Austin

Parragon
Queen Street House
4 Queen Street
Bath BA1 1HE, Reino Unido
www.parragon.com

Copyright © Parragon Books Ltd 2012
Produzido por Instinctive Product Development

Coordenação Editorial: Daniel Stycer
Edição: Renata Meirelles
Direção de Arte: Leo Fróes
Tradução: Davi de Figueiredo Sá
Diagramação: Vanesa Mattos
Produção Gráfica: Jorge Silva

Todas as marcas contidas nesta publicação, bem como os direitos autorais incidentes, são reservados e protegidos pelas Leis nº 9.279/96 e nº 9.610/98. É proibida a reprodução total ou parcial, por quaisquer meios, sem autorização prévia, por escrito, da editora.

Copyright da tradução © 2012 by Ediouro Publicações Ltda.

Ediouro Publicações Ltda.
Rua Nova Jerusalém, 345 – CEP 21042-235 Rio de Janeiro – RJ
Tel.: (21) 3882-8200 / Fax: (21) 2290-7185
e-mail: coquetel@ediouro.com.br
www.coquetel.com.br
www.ediouro.com.br

Impresso na China

ÍNDICE

Introdução 8
Preparando a Viagem 9
Antes de Começar os Jogos 11
Eu Vejo 14
Mudanças 15
Splat! 16

Busca Carro 17
Visão de Túnel 18
Jogo da Banana 19
Contando Animais 20
Nomes nas Placas dos Carros 22
Lembre-se do que Viu 24
Caça ao Tesouro 26
Desafio em Grupo: Esquerda ou Direita 28
O Mesmo Carro que o Nosso 30

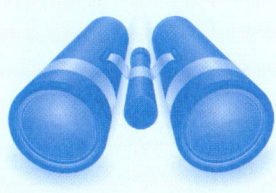

Esperando o Ônibus 31
Fusca Amarelo 32
Alfabeto com Placas de Carros 34
Velocidade Média 35
Alfabeto com Objetos 36
Cores do Arco-Íris 38
Uma Frase Cada 40
Qual o Seu Favorito? 41
ABC dos Lugares 42
Boa Notícia - Má Notícia 44
Adivinhe o que Eu Vejo 45
20 Perguntas 46

Sim É Não 48
Alfabeto Rápido 49
Quem É A Celebridade? 50
Poemas e Limericks 52
Quem É? 54
Silêncio de Ouro 55
Sim! Não! 56
Contos de Fadas 58
Encontre uma Ligação 60
Se Você Está Feliz 62
A-do-le-ta 63
Motorista 64
Velho MacDonald 65
O Sapo Não Lava o Pé 66

1,2,3 Indiozinhos 67
Música Aleatória 68
Cante uma Música com ??? no Título 70
Que Música É Essa? 72
Letra Falada 74
A que Horas Nós Chegamos? 76
Loteria da Roda: Chegamos - Vamos Ver quem Ganhou! 77
Créditos 78

LEGENDA

Visual | Fala | Número de Jogadores | Idade | Dificuldade | Movimentos Faciais

Com Tempo | Mistério | Lápis e Papel | MP3 Player | Ação | Encenação | Testes

Introdução e Dicas úteis

Introdução

Qualquer um que já tenha levado crianças em uma viagem de carro sabe que o caminho pode não ser muito tranquilo. Além dos problemas com o trânsito, a chance de uma criança – ou, ainda pior, várias delas – se entediar aumenta a cada quilômetro.

Quando as coisas começam a ficar conturbadas, particularmente entre a própria criançada, alguma distração é necessária para restaurar a paz e a tranquilidade. Aliás, é melhor começar a fazer isso antes que o tédio se instale.

As crianças costumam responder a atividades estruturadas e organizadas, especialmente quando os adultos também estão envolvidos. Mantê-las ocupadas com uma atividade tende a desviar seu excesso de energia e evitar que ele se torne motivo de aborrecimento para seus irmãos – ou amigos –, o que, por sua vez, pode aumentar o nível de estresse nos adultos. O envolvimento em uma atividade também pode, em alguns casos, reduzir as chances de aquelas crianças mais propensas a enjoar chegarem a passar mal. Nesse caso, é recomendável que a atividade não faça a criança ficar com a cabeça projetada para a frente por períodos longos nem que seus olhos tenham que focalizar algo próximo, como a leitura.

Esperamos que este livro ofereça algumas atividades úteis que ajudem a tornar a viagem uma experiência agradável para toda a família, e não apenas para as crianças! Você talvez precise dar vazão à sua própria "criança interior", mas vai surpreender-se como isso pode ser fácil!

Preparando a Viagem

Presumindo que uma longa viagem de carro não acontece de uma hora para a outra, há várias coisas que podem ser feitas para que ela seja segura e confortável. Além de se certificar de que o carro está preparado para a jornada, faça alguns planos para se assegurar de que os passageiros, especialmente as crianças, não sejam esquecidos.

A "prioridade 1" é fazer as malas com tudo o que será necessário no destino, seja uma estadia mais curta ou férias longas. A próxima coisa mais importante é a preparação para a viagem em si. Além das coisas óbvias, como água e alguns lanches, há uma lista quase infinita de coisas que serão necessárias para manter as crianças ocupadas e afastar o tédio. Cada uma delas vai querer levar alguns de seus brinquedos preferidos – deixe que decidam sozinhas, desde que haja espaço suficiente a bordo.

No entanto, se as crianças tiverem total liberdade de escolha, metade de seus quartos ou do baú de brinquedos vai embarcar no já lotado espaço de passageiros do carro. Provavelmente, é melhor que escolham uma ou duas de suas peças preferidas – digamos, dois itens cada. Elas (ou um adulto) deverão se certificar de antemão de que qualquer equipamento eletrônico que decidam levar esteja completamente carregado, a menos que haja um carregador e um cabo que permitam a recarga no caminho: um console portátil ou um leitor de e-Book é inútil sem a bateria!

É claro, os adultos devem conferir tudo o que dissemos acima – se certificar de que os "amigos" do ursinho de pelúcia não foram contrabandeados para dentro do carro quando não estavam olhando: as crianças vão tentar ser mais espertas que seus pais com isso! Uma vez que as necessidades delas estejam atendidas, um adulto responsável (ou seja, você!) deverá ter uma visão mais prática sobre as coisas que serão levadas na viagem. Esperamos que você já tenha organizado isso antes. A lista de itens a seguir deve dar uma ajudinha à sua memória, caso você tenha esquecido algo...

Além dos bichinhos preferidos das crianças (lembre-se: nada de clandestinos!), esses itens devem se mostrar úteis: DVDs e CDs; iPods ou MP3 players; jogos portáteis e leitores de e-Books (todos completamente carregados!); um bom estoque de lápis; bastante papel para desenho – de preferência com quadrados pré-impressos ou papel quadriculado e uma "arca do tesouro" ou sacola de guloseimas com recompensas por bom comportamento ou como prêmios para os vencedores de jogos. Não se esqueça de levar este livro também!

Quanto aos lanches para a viagem e ao conteúdo da sacola de guloseimas, pense um pouco no potencial de bagunça e sujeira que eles podem deixar depois de as crianças terem aproveitado. Também é uma boa ideia ter em mente as possibilidades de uma ou mais crianças enjoarem durante a viagem: lenços secos e umedecidos, além de uma sacola com vedação para descartá-los após o uso, podem vir a calhar.

Entre os jogos inclusos neste livro estão alguns que necessitam que o horário de saída seja anotado. No final da viagem, também se deve anotar o horário de chegada – isso é necessário para que um dos jogos mais educativos dê certo. Há um jogo chamado Loteria da Roda: com a permissão do dono do carro, o pneu é marcado em seções com giz ou uma caneta não permanente. Alguns segmentos são demarcados em tamanhos aproximadamente iguais, um para cada pessoa do carro, e neles são escritos os nomes ou as iniciais de cada passageiro: uma figura no final do livro ilustra o conceito. Se o vencedor será premiado ou não, é uma questão de escolha pessoal, já que algumas pessoas poderiam ver isso como uma forma de jogatina – mas o jogo pode ser feito apenas por diversão. As marcas na roda podem ser verificadas no final da viagem ou a cada parada para determinar o vencedor.

Antes de Começar os Jogos

Antes de começar a jogar, estabeleça algumas regras básicas para a viagem. A maior parte delas é senso comum e, se as crianças não se comportarem direito, essas regras podem ser lidas para elas durante a viagem. Surpreendentemente, os pequenos tendem a aceitar coisas que estão escritas e são lidas, em vez de apenas ouvirem a mesma coisa dos pais.

Em primeiro lugar, deve-se ter sempre a preocupação com a segurança e o bem-estar de todos a bordo. Isso significa que os cintos de segurança devem ser usados em todos os momentos durante a viagem. Os jogadores devem tomar cuidado para não distrair o condutor em todos os momentos em que o veículo esteja em movimento ou prestes a sair do lugar. Ninguém deve fazer nada que possa obstruir sua visão traseira por meio do espelho do carro.

Antes de fazer qualquer das brincadeiras, deve-se decidir quem arbitrará quaisquer disputas sobre os resultados ou decisões dos jogos. De preferência, deve ser alguém que não esteja participando de algum jogo ou rodada, ou alguém que não se beneficiará da mediação. O mesmo se aplica à indicação de alguém para anotar o placar, a menos que se decida de outra forma antes do início do jogo ou da rodada.

Divirta-se com os jogos e aproveite a viagem!

Jogos

Eu Vejo

2+   3-99   Fácil

Eu Vejo é um dos jogos mais simples e mais populares de todos os tempos. Para jogá-lo, são necessários apenas os olhos e as vozes dos próprios jogadores, e ele pode ser usado para ajudar a passar o tempo em praticamente qualquer ocasião. Seja em casa ou em uma viagem de avião, trem ou carro. O melhor de tudo é que pode ser jogado por pessoas de quase qualquer idade – então, chame os adultos para brincarem também!

O Jogo:

Decida quem vai começar. Essa pessoa olha em volta e silenciosamente escolhe um objeto. Os outros jogadores recebem apenas uma pista: "Eu vejo algo que começa com ...", acrescentando a primeira letra do objeto, da cor, do nome etc. As escolhas são infinitas!

Os jogadores se revezam para tentar adivinhar o objeto. Se não souberem responder, dizem "passo", e a pessoa seguinte fica com a vez. Se todos os jogadores passarem a vez (ou desistirem!), quem escolheu ganha. Se alguém acertar, a rodada acaba e o vencedor será o próximo a escolher o objeto.

Regras:

Quem escolher deve ser honesto – lembre-se: nada de trapacear! Isso pode estragar o jogo para todos. É uma boa ideia escolher algo que esteja à vista por um período razoável de tempo – um objeto que saiu da vista das pessoas no início do jogo não deve ser escolhido. Lembre-se de que as crianças mais novas podem ter sido alfabetizadas pelo sistema fônico – elas podem começar o nome do objeto com "K" em vez de "C"!

Mudanças

2+   3-99   Fácil

Mudanças é outro jogo simples, parecido com Eu Vejo, que pode ser jogado por crianças e adultos de todas as idades.

O Jogo:

Escolha uma pessoa para começar. Ela deverá tentar se lembrar de tudo que vir dentro do carro (ou do ambiente em que estiver). Depois de olhar bem à sua volta, ela fecha os olhos – não vale olhar! – enquanto alguém muda a posição de algo no carro. Quando estiver pronta, a pessoa deve abrir os olhos e tentar adivinhar o que foi movido. Se acertar – ou desistir –, é a vez do próximo.

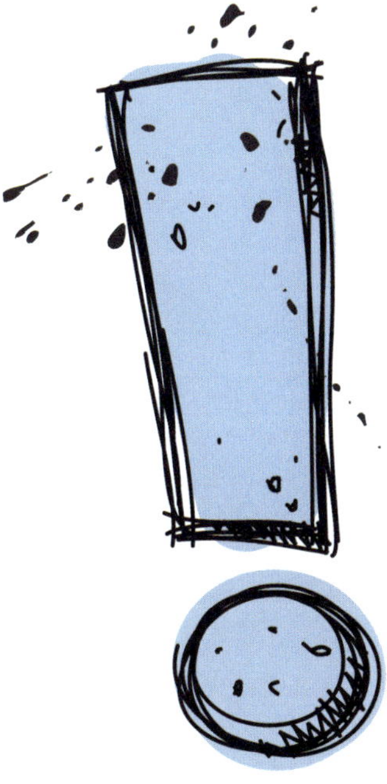

Regras:

No início, tente simplificar. Escolha um objeto que seja visível a partir do lugar onde o jogador está. Mova um para-sol ou troque os chapéus. Divirta-se!

Splat!

| 2+ | 5+ | Média |

Splat! é um jogo de pistas que pode ser adaptado para servir a quase todas as idades. Neste jogo, os participantes devem adivinhar a identidade de um item em movimento, enquanto a pessoa que escolhe dá uma pista simples: Splat!

O Jogo:

Alguém escolhe um item que passa frequentemente na estrada, como uma ponte, uma placa, um carro azul etc. Cada vez que o carro passar por aquele item, a pessoa fala uma palavra engraçada, como "splat", enquanto os outros tentam adivinhar o que é.

O jogo pode ficar mais difícil escolhendo-se um objeto mais específico, como uma placa azul com uma palavra escrita. Se alguém chegar perto, quem escolheu deverá dizer "Perto, mas não exato", ou algo parecido. Quando alguém acertar, este será o próximo a escolher um objeto.

Regras:

Comece escolhendo objetos relativamente comuns, porque isso ajuda todo mundo a entrar no espírito do jogo. Quando todos tiverem tido a chance de escolher, a rodada seguinte poderá ser dificultada pela escolha de um objeto menos frequente ou mais específico, como um carro com quatro pessoas dentro.

Busca Carro

| 2+ | 3-99 | Fácil |

Busca Carro é um jogo apreciado por crianças de todas as idades que pode ser adaptado para a faixa etária dos jogadores e para o tipo de tráfego.

O Jogo:

É melhor se um adulto começar escolhendo o tipo ou a cor do carro que deverá ser visto pelos jogadores. Um bom ponto de partida é ter como referência o carro em que você está viajando, seja pelo tipo ou pela cor. A primeira pessoa a ver um carro parecido vence e pode escolher o seguinte. Há variações quase sem fim, incluindo o número de passageiros, caminhões com inscrições nas laterais etc.

Regras:
Mantenha a simplicidade – não escolha veículos raros ou cores difíceis de serem vistas!

Visão de Túnel

2+   3-7   Fácil

Visão de Túnel é um jogo simples de observação particularmente adequado para crianças menores – mas qualquer um pode brincar!

O Jogo:
Um jogador pode participar deste jogo com ambas as mãos em frente aos olhos, de modo a formar um túnel, ou usando um pedaço de papel enrolado para formar um telescópio de mentirinha em frente a um dos olhos, mantendo o outro fechado. O jogador tenta se lembrar do que viu a certa distância ou dentro de um período curto de tempo. Uma criança mais velha ou um adulto pergunta se ele se lembra do que foi visto com o tubo.

Variação:
Pode-se pedir ao jogador para descrever o que está vendo em tempo real – isso dá uma ideia do poder de observação de alguém bem jovem, além de ser bem interessante para os outros passageiros! Fazer algumas perguntas malandras como "Você viu aquele bicho com seis patas?" pode render respostas inusitadas.

Regras:
Decida quanto tempo o jogo vai durar. Tenha em mente que uma criança pode ficar tonta se olhar por muito tempo dentro do tubo. Quando jogado em forma de competição, restrinja o movimento do tubo ou túnel a uma direção em particular – e certifique-se de que o jogador mantenha um olho bem fechado!

Jogo da Banana

2+   3-99   Fácil

O **Jogo da Banana** é bem fácil de jogar – mas pode se tornar bem competitivo!

O Jogo:

Primeiro decida a duração do jogo, seja por tempo – talvez 30 minutos – ou por distância. Um jogador deve ficar de olho em qualquer veículo amarelo que ultrapasse o seu ou que seja ultrapassado. Quando este for avistado, ele deve dizer a palavra "Banana" para marcar um ponto. O vencedor é o jogador com a maior pontuação ao final do tempo ou da distância combinada no início do jogo.

Para sair um pouco dos veículos, quase qualquer objeto amarelo pode ser escolhido como a Banana. Apesar de a chance de ver um canário enquanto se viaja de carro ser bem reduzida, lembre-se de falar "Banana" se vir um, pois vale 100 pontos!

Variação:

Pontos podem ser dados para cada tipo de veículo amarelo visto. Por exemplo, um carro amarelo pode valer 1 ponto, um caminhão amarelo pode valer 2, um ônibus amarelo pode valer 3 e assim por diante. Não se esqueça de incluir um valor para veículos de construção e guindastes!

Regras:

Você deve falar "Banana" quando o objeto amarelo for visto – e o objeto deve ser nomeado – para que os pontos sejam somados ao placar.

Contando Animais

| | 1+ | 3-99 | Fácil |

Contando Animais é um velho favorito que pode ser jogado de várias formas diferentes. Pode ser um passatempo para um jogador ou uma disputa de equipes para brincar em família. Facilmente adaptável, este jogo pode ajudar a matar o tempo em uma viagem mais cansativa.

O Jogo:

Na forma mais simples, um jogador ou equipe conta quantos animais da mesma espécie (vacas, cavalos, ovelhas etc.) encontra pelo caminho em dado intervalo de tempo ou distância. Se o carro passar por uma escola (ou qualquer outro local escolhido), o placar volta a zero e a contagem deve recomeçar. Se estiver viajando por uma estrada longa, o ponto de reinício pode ser uma parada, posto da polícia ou posto de gasolina, em vez de uma escola. Se o carro precisar ser abastecido, o placar de todos os jogadores é zerado e todos têm de recomeçar.

Se houver mais de um jogador, todos podem se revezar pelo mesmo período ou distância, que pode ser de cerca de 15 minutos ou 10 quilômetros. Os jogadores restantes devem ficar de olho em como o "vigia" está se saindo, comparando seu desempenho com seus próprios resultados – erros podem acontecer! Apenas animais que estejam do mesmo lado que o jogador ocupa no carro devem ser contados. Se alguém estiver no banco do meio, deve declarar qual lado está conferindo antes de começar. O vencedor é quem tiver o maior número ao final do jogo ou da viagem.

Regras:
Apenas o animal escolhido que estiver do mesmo lado da estrada que o jogador pode ser contado. Os dedos podem ser usados para marcar a pontuação. E lembre-se: se o ponto de reinício for visto, o contador deve recomeçar a contagem.

Variação:
Em vez de animais, tente contar sinais, estações de energia, torres de água ou qualquer coisa que escolher. E lembre-se de escolher o ponto de reinício antes de começar!

Nomes nas Placas dos Carros

| 1+ | 5-99 | Média |

Nomes nas Placas dos Carros requer alguma criatividade e inventividade ao lidar com palavras – também pode ficar tão engraçado quanto os jogadores quiserem.

O Jogo:
Invente um nome.

O objetivo deste jogo é criar nomes imaginários para o motorista de um carro, cada nome começando com uma letra vista na placa do carro. A letra de cada nome e sobrenome deve ser usada na ordem em que aparece. Por exemplo: ABC 1234 poderia virar "Antonio Bernardo Campos". Alterne entre nomes masculinos e femininos para a vez de cada jogador – isso é mais difícil do que parece! O nome mais criativo na opinião do árbitro definido antes de começar ganha.

O jogador também pode "apresentar" a pessoa inventada usando a cidade e o estado da placa, como em "Conheçam meu amigo, Antonio Bernardo Campos, de Campinas, São Paulo" (ou qualquer que seja o local).

Quantos anos eles têm?

Outra forma de jogar é somar os números que aparecem na placa para descobrir a idade da "pessoa" cujo nome foi inventado. No exemplo ABC 1234, Antonio Bernardo Campos tem 10 anos de idade (1+2+3+4=10).

Às vezes, é possível que a placa já dê um nome usando a própria ordem das letras, como, por exemplo, em ANA 3376, que vira Ana, de 19 anos de idade (3+3+7+6=19) – então, tenha isso em mente quando estiver jogando. É surpreendente quantos exemplos criativos e hilários de nomes improváveis podem ser encontrados – especialmente quando o carro de placa ANA 3376 for conduzido por um senhor idoso, por exemplo.

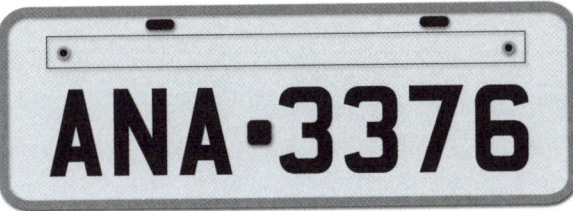

Regras:

Antes de começar, decida quais letras podem excluir uma placa do jogo. É melhor que placas contendo certas letras, como Q, X e Z, sejam ignoradas. Uma pessoa deve ser indicada para escolher uma placa para começar – por exemplo, "aquela no carro vermelho". Os nomes devem representar todas as letras na placa indicada.

No Brasil, não se usa a sequência numérica 0000 nas placas de carro, então não é preciso se preocupar em passar por uma placa em que não seja possível somar a idade.

Variação:

Tente usar as letras da placa na ordem inversa – isso deve ajudar a trazer alguma variação para o jogo e a quebrar sequências caso muitas placas parecidas apareçam no trajeto.

Lembre-se do que Viu

| 2+ | 3-99 | Média |

Lembre-se do que Viu é um exercício que desafia a capacidade visual e a memória dos jogadores. Eles devem tentar se lembrar de objetos vistos ao longo da viagem por uma estrada para contar aos demais passageiros o que observaram.

O Jogo:

Decida quais objetos devem ser incluídos no jogo, porque é quase impossível lembrar-se de tudo que foi visto. Os objetos podem ser coisas de uma forma ou cor em particular, animais etc. – a escolha fica a cargo dos jogadores (ou do árbitro, se houver diferença de opiniões). Defina um limite de tempo ou distância para que cada jogador tenha sua vez – de modo que o período não passe muito de cinco minutos, ou uma distância média entre as saídas da rodovia. Tente dar a cada jogador a mesma quantidade de tempo ou distância.

Em um ponto de início definido, o jogador deve tentar se lembrar dos objetos vistos e, após atingir o limite de tempo ou distância, alguém anuncia o final do período e a diversão começa. O jogador deve se lembrar do que foi visto. Se, por exemplo, o assunto escolhido for pessoas, a ordem em que elas foram vistas pode ser: homem, mulher, mulher, menino, homem e mulher, menina etc.

Variação:

Pode ser feita uma variação para ser jogada dentro do carro. Nessa versão, algum passageiro desenha uma série de objetos em uma folha de papel escondido dos demais jogadores. Esse desenho é, então, mostrado a um de cada vez, por um período curto – talvez enquanto conta até cinco –, e novamente escondido. O jogador deve, então, tentar lembrar a maior quantidade possível de objetos do desenho. Quem conseguir lembrar mais ganha.

Regras:

Para que seja justo com todos os jogadores, o desenho da variação ao lado deve ser mostrado a cada jogador pelo mesmo tempo – certifique-se de que os participantes não deem uma olhada extra quando ele estiver sendo mostrado a outro jogador! Faça desenhos simples, como esses acima, mas alguns deles podem estar de ponta-cabeça para dificultar o jogo!

Caça ao Tesouro

| 2+ | 3-99 | Média |

Caça ao Tesouro é outro velho favorito com que toda a família pode se divertir. Uma lista de objetos é escrita em um papel; eles devem ser encontrados e riscados à medida que se viaja pela estrada.

O Jogo:

Antes de começar, todos definem uma lista de objetos que devem ser encontrados. Cada jogador escreve para si em seu próprio papel. Os objetos podem ser fáceis ou difíceis de se ver, como os participantes preferirem – podem incluir um poste, lanchonete, vaca marrom ou qualquer outra coisa que você possa ver na viagem. Não se esqueça das crianças mais novas – deixe que elas comecem! (Ou dê a elas seu próprio objeto da lista para encontrar.)

Quando todos tiverem comparado as listas para se certificar de que estão iguais, o jogo pode começar. Uma pessoa escolhe um ponto de partida em algum ponto mais para frente na estrada – pode ser depois da próxima saída, junção ou passarela, por exemplo. Quando esse ponto for alcançado, o jogo começa e cada jogador deve procurar os itens da lista. O primeiro a encontrar um objeto deve falar seu nome em voz alta – por exemplo, "Vaca marrom!" ou o que quer que tenha visto – e riscar da sua lista. Outros jogadores que também tenham visto o objeto (mas não tenham falado antes) terão que esperar até serem os primeiros no carro a verem a próxima vaca marrom. Não há a necessidade de rodízio de

rodadas; cada jogador continua procurando por qualquer um dos itens de sua lista. O primeiro a riscar todos os itens da lista é o vencedor.

Quando um jogo terminar, é uma boa ideia deixar o ganhador escolher a próxima lista de objetos ou, talvez, o próximo jogo!

Regras:
Antes de começar o jogo, certifique-se de que os objetos da lista possam ser vistos a partir da posição de todos que estão no carro, especialmente crianças menores sentadas no banco traseiro. Itens como um gato preto que possa estar dormindo na sombra de um carro estacionado pode não ser uma boa escolha de objeto. Coisas que tenham sido vistas também devem ser confirmadas por ao menos mais uma pessoa dentro do carro.

Variação:
Escolha objetos de um tipo mais específico – por exemplo, um cartaz ou outdoor com uma palavra ou figura específica ("liquidação" ou "sanduíche", uma foto de um animal em uma placa etc.).

Desafio em Grupo: Esquerda ou Direita

2+   3-99   Fácil

Desafio em Grupo opõe duas equipes, compostas por um ou mais jogadores, que se revezam indicando algo que deverá ser encontrado pelos oponentes. Os mais novos podem ajudar uma equipe a encontrar seus objetos mesmo que sejam pequenos demais para conseguirem contar, então este jogo lhes dá uma chance de brincar junto.

O Jogo:

Cada equipe representa um lado do carro – esquerda ou direita. O primeiro passo é decidir qual equipe será a primeira a escolher um objeto e quanto tempo durará cada rodada. A duração não deve ser muito longa, para que o jogo não fique muito cansativo – cinco minutos ou dez quilômetros por equipe devem ser a medida certa.

A primeira equipe escolhe, então, um objeto – que deverá ser razoavelmente comum, senão o jogo não fluirá. Os oponentes deverão encontrar a maior quantidade possível daquele objeto de seu lado do carro dentro do limite de tempo estipulado. Quando terminar o tempo, a equipe que fez a escolha deverá procurar o mesmo objeto, mas do seu lado do carro e dentro do mesmo limite de tempo ou distância. Vence a equipe que encontrar mais objetos dentro do limite de tempo ou distância.

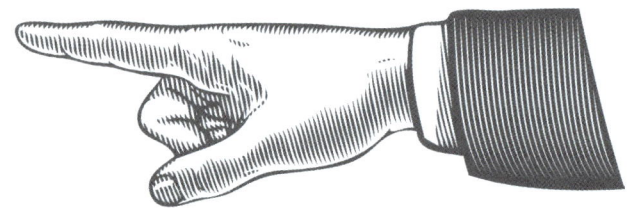

Uma boa dica para este jogo é não escolher um objeto muito difícil – lembre-se de que sua equipe deverá encontrar o mesmo objeto quando for sua vez! Escolher um avião, por exemplo, quando não estiver próximo a um aeroporto, provavelmente dará a vantagem à primeira equipe que jogar, a menos que você saiba que exista um aeroporto nas proximidades – e que ele não esteja do outro lado do carro!

Variação:
Um objeto é escolhido para que ambas as equipes o procurem ao mesmo tempo. A equipe vencedora ao final de cada disputa pode escolher o objeto a ser encontrado na rodada seguinte.

Regras:
Como as equipes se alternam, os adversários devem verificar os objetos sendo contados pela outra equipe. Isso evitará trapaças! Caso haja discordância, o árbitro do carro deverá decidir se mantém ou não a pontuação da equipe. Se houver dúvida, a pontuação questionada deverá ser zerada e aquela equipe deverá jogar novamente procurando o mesmo objeto, pelo mesmo período ou distância.

O Mesmo Carro que o Nosso

1+   5-99   Fácil

O Mesmo Carro que o Nosso é um jogo simples que pode envolver toda a família. É particularmente bom para quem viaja com crianças mais novas.

O Jogo:

Os participantes devem encontrar um carro do mesmo modelo que aquele em que se está viajando. Cada vez que um carro do mesmo modelo for visto, o jogador que o vir primeiro deve falar "Igual ao nosso" para marcar um ponto. Ganha quem tiver a maior pontuação ao final da viagem.

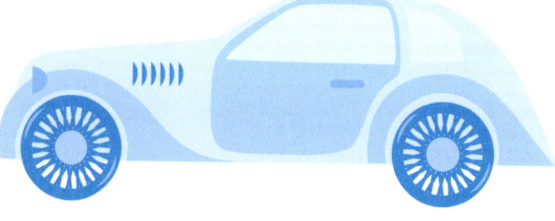

Variação:
Jogue conforme as instruções acima, mas permita que apenas carros do mesmo modelo e cor valham pontos.

Regras:
Apenas a primeira pessoa a ver o carro ganha os pontos.

Esperando o Ônibus

| 2+ | 4-99 | Fácil |

Esperando o Ônibus pode ser divertido quando se está dirigindo dentro da cidade. Se houver pontos de ônibus em seu caminho, esse é o jogo para você.

O Jogo:

Este jogo pode ser praticado por duas pessoas, mas fica mais divertido se uma equipe do lado direito do carro jogar contra a do lado esquerdo. Os jogadores devem contar quantas pessoas estão esperando em cada ponto de ônibus do seu lado da rua. A pessoa ou equipe com a maior pontuação ao final do jogo vence.

Variação:

Essa variação é especialmente boa para aqueles horários com maior tráfego. Uma equipe ou jogador conta apenas os homens, ou as mulheres, de cada lado da rua.

Regras:

Os pontos de ônibus só podem ser contados se estiverem do mesmo lado da rua por que se estiver passando – aqueles que estiverem em transversais ou em locais que não sejam facilmente visíveis para os outros jogadores no carro estão excluídos, porque dariam a um jogador ou equipe uma vantagem injusta sobre os outros. As pessoas que já estiverem dentro dos ônibus não devem ser incluídas.

Estações de metrô ou trem estão excluídas deste jogo. Só pontos de ônibus valem. O árbitro deve decidir se um ponto é válido ou não.

Fusca Amarelo

2+   5-99   Fácil

Fusca Amarelo é uma brincadeira conhecida, em inglês, como Punch Buggy. Nela, uma criança dá um tapinha no braço da outra quando é a primeira a ver um Fusca, ao mesmo tempo em que diz "Fusca amarelo!".

O Jogo:

A versão tradicional do jogo é baseada no Fusca original e clássico, em formato de joaninha. A primeira pessoa a ver um desses veículos icônicos dá um tapinha no braço de quem estiver mais próximo e fala a cor do carro e seu tipo, seguido das palavras "sem devolver", como no exemplo a seguir: "Fusca azul – sem devolver!". Se a pessoa não disser "sem devolver", quem recebe o tapinha pode dar outro na pessoa que falou. Demais veículos clássicos (vans, caminhões, furgões etc.) também podem ser incluídos no jogo, mas deverão ser corretamente identificados e sua cor deve ser mencionada, sem esquecer a frase "sem devolver".

O jogo também pode ter uma pontuação diferenciada para cada um dos carros clássicos que for corretamente identificado, de acordo com o modelo e a cor:

Fusca = 1 tapinha

Kombi = 2 tapinhas

Jipe militar (muito raro!) = 5 tapinhas

O jogador com a pontuação mais alta no final da viagem, ou ao longo de um intervalo de tempo ou distância combinado, vence o jogo.

Os tapinhas devem ser dados apenas na área do bíceps! Não vale bater na cabeça, nas costelas ou nas partes baixas.

Regras:
Qualquer modelo de Fusca que esteja a menos de um quilômetro de casa não vale, porque qualquer conhecimento anterior de sua localização poderia ser considerado injusto com os outros jogadores. O motorista não deve jogar por razões de segurança, mas pode arbitrar quaisquer disputas que apareçam.

Alfabeto com Placas de Carros

| 1+ | 3-99 | Média |

Alfabeto com Placas de Carros é um jogo simples para todas as idades e consiste em encontrar todas as letras do alfabeto, baseando-se nas letras das placas dos carros. Essa fonte de material que sempre se renova deve ocupar até o passageiro mais entediado.

O Jogo:

Este jogo pode ser praticado individualmente. Aqui, o primeiro jogador a completar a lista ou encontrar a maior quantidade de letras ao longo de uma distância combinada sai vencedor. Ou pode ser jogado em equipe, com todos os participantes procurando as letras juntos.

Regras:
Placas de carros de outro país valem um ponto extra ao primeiro que as vir.

Velocidade Média

| 1+ | 11-99 | Difícil |

Velocidade Média é feito para manter as crianças maiores ocupadas – e para ajudá-las com a lição de casa (mas não conte isso a elas!). Os adultos também podem brincar.

O Jogo:

Para jogar, devem-se calcular as distâncias e os tempos de viagem cobertos por um veículo viajando a certa velocidade média. Também é possível calcular a velocidade média do carro ao longo de uma distância específica se o tempo de duração da viagem for conhecido (excluindo as paradas). Usando as fórmulas simples:

1) Velocidade x Tempo = Distância

2) Velocidade Média = $\dfrac{\text{Distância}}{\text{Tempo}}$

3) Tempo = $\dfrac{\text{Distância}}{\text{Velocidade}}$

É possível descobrir o tempo gasto cobrindo uma distância específica – se forem dadas a distância que deve ser percorrida e a velocidade média a ser mantida. Por exemplo, uma distância de 100 quilômetros a uma velocidade média de 40 km/h levará 2,5 horas (100 quilômetros ÷ 40 km/h = 2,5 horas).

Usando-se as outras fórmulas, pode-se calcular a velocidade média a partir de uma distância conhecida em certo tempo, assim como a distância percorrida com velocidade média conhecida e dentro de dado período de tempo também pode ser encontrada.

Alfabeto com Objetos

| 2+ | 5-99 | Médio |

Alfabeto com Objetos é um jogo simples e divertido para quem tem idade para conhecer o alfabeto e as letras, ou sons, com que os nomes das coisas começam.

O Jogo:

Começando pela letra A, os jogadores passam por todo o alfabeto identificando objetos que comecem com aquela letra. Por exemplo: Avião, Bicicleta, e assim por diante. Qualquer um pode falar a letra e o objeto, mas ele deve estar visível para todos os jogadores. Algumas das letras podem ser bem desafiadoras.

Uma variação um pouco mais difícil é restringir o jogo apenas às letras do alfabeto que podem ser vistas em placas de trânsito, outdoors, placas de carro, inscrições nos caminhões, ou onde quer que seja. Neste jogo, o participante deve escolher tanto a letra como o local onde deve ser encontrada. Quando vir a letra H em uma placa escrito "CAMINHÕES", ele deve dizer "Letra H na placa CAMINHÕES".

Apenas uma letra de cada local pode ser usada – se uma placa igual for encontrada, por exemplo, contendo outra letra necessária, ela pode ser permitida desde que esteja em local diferente da primeira. Alfabeto com Objetos pode ser jogado por todos no carro ou por equipes. O primeiro time a completar seu alfabeto vence.

Regras:

As letras e suas fontes devem estar claramente visíveis a todos os jogadores. Uma fonte pode ser usada apenas uma vez por rodada, a menos que duas letras sucessivas apareçam juntas em algum lugar, como, por exemplo, A e B em uma placa que diga "ABERTO" – mas esse uso deve ser declarado pelo jogador, no início do jogo. "A e B na placa de "ABERTO". Uma placa de trânsito ou outdoor do mesmo tipo podem ser usados mais de uma vez – mas devem ser separados do primeiro. Isso dá a oportunidade de se pensar à frente, mas a próxima letra do alfabeto não deve ser dita até que esteja claramente à vista dos jogadores.

Cores do Arco-Íris

1+   4-99   Fácil

Cores do Arco-Íris pode ser jogado por qualquer número de jogadores, seja individualmente ou por equipes. Note que esse jogo pode ser difícil para os daltônicos.

O Jogo:
Este jogo envolve os participantes em uma caça a objetos, dentro e fora do carro, que tenham a mesma cor que as do arco-íris (veja nas Regras as cores que devem ser procuradas).

Antes de começá-lo, deve-se decidir se as cores podem ser encontradas em qualquer ordem, ou qual cor deve ser vista primeiro. O primeiro a encontrar todas as cores do arco-íris vence.

Se um jogador ou equipe vir um arco-íris de verdade no céu ou um desenho dele em uma placa, vence o jogo instantaneamente!

Em um jogo por equipes ou competição individual, quem ver primeiro todas as cores do arco-íris vence. Se todas as cores não forem vistas, a pessoa ou equipe com o maior número de cores encontradas é a vencedora.

Regras:
Apenas as sete cores principais do arco-íris, como vistas por um olho humano normal, ou seja, aquelas especificadas por Isaac Newton na sequência: vermelho, laranja, amarelo, verde, azul, índigo (ou anil) e violeta, podem entrar na contagem. A ordem pode ser lembrada na frase "vermelho, lá vai violeta", uma ajuda útil para lembrar as cores em um jogo onde elas devem ser identificadas em uma sequência específica. Lembre-se de que "violeta" não é roxo!

Variação:
Uma forma alternativa e bem mais comprida de jogar é: as cores do arco-íris devem ser identificadas em um objeto especificado, como, por exemplo, as cores dos carros e as das placas.

Uma Frase Cada

2+   3-99   Fácil

Uma Frase Cada é um jogo simples que não requer nada além de uma imaginação ativa.

O Jogo:

Um participante começa o jogo com a primeira frase de uma história. O próximo deve continuar com uma frase que inventar, e assim por diante. É melhor que o enredo seja inventado pelos próprios jogadores, em vez de tentar relembrar algumas linhas de contos ou histórias conhecidas. Um exemplo de começo pode ser:

"Era uma vez um lindo príncipe que estava procurando uma esposa..."

O próximo jogador pode continuar o tema de contos de fadas:

"Ele veio à nossa casa e perguntou se a (nome de menina) estava..."

ou poderia mudar a história para:

"Ele olhou na despensa, mas tudo que encontrou foi..."

O jogo pode cobrir uma variedade de assuntos, desde poesia infantil a histórias fantasiosas sobre pessoas que você conhece – talvez alguém que esteja junto? Elas podem ter relação com coisas vistas ao redor, ou coisas que as crianças quiserem fazer mais tarde.

Regras:
Não há. Apenas improvise à medida que o jogo avança!

Qual o Seu Favorito?

2+   3-99   Fácil

Qual o Seu Favorito? é um jogo para todas as idades em que cada pessoa deve dizer quem ou o que é sua pessoa ou coisa favorita e explicar por quê!

O Jogo:

Antes de o jogo começar, deve-se decidir qual categoria de "favorito" será o tema da primeira rodada. Os participantes se revezam contando aos outros quem ou qual é o seu favorito naquela categoria. Quando todos tiverem terminado, o grupo deve decidir quem deu a melhor justificativa para escolher aquele favorito em particular.

Os favoritos podem ir desde a comida ou as cores a carros, pessoas, músicas etc. As razões dadas por um jogador para escolher o seu favorito em uma categoria podem ser bastante informativas, e muitas vezes serão interessantes para os outros integrantes do grupo, especialmente quando for a vez dos mais novos.

Regras:

Quase qualquer coisa vale: apenas divirta-se! Caso haja alguma disputa ou empate sobre a melhor justificativa, o árbitro deve ter a última palavra!

ABC dos Lugares

2+   5-99   Média

ABC dos Lugares é um jogo interessante e atraente em que os participantes devem nomear sequências de lugares ao redor do mundo, levando em conta a ordem alfabética quanto à primeira letra do nome do lugar.

O Jogo:

O primeiro jogador inicia listando a maior quantidade de locais diferentes que conseguir começando com a letra A e até que não tenham mais ideias. Não vale repetir nomes – se alguém repetir um nome, sua vez termina e o próximo assume. Aquele jogador continua até que também não consiga mais se lembrar de nomes ou repita algum. Por exemplo, para a letra M, uma série de nomes, como MICHIGAN, MOÇAMBIQUE, MÉXICO, MANCHESTER, e assim por diante, é boa. Se um participante repetir algum dos nomes, como MÉXICO, perde a vez e o próximo assume. O novo jogador pode usar algumas ou todas as ideias do anterior!

Quando todos os jogadores tiverem tentado com a letra A, quem citou mais locais com essa letra começa uma nova rodada de nomes de lugares começando com B. O jogo continua até o final do alfabeto ou até que os jogadores se cansem!

Variação:

Cada jogador, alternadamente, deve nomear um lugar do mundo começando com cada letra do alfabeto na sequência, até que completem o alfabeto ou fiquem sem ideias. Os lugares podem ser uma seleção aleatória de países, cidades, estados ou quaisquer outros itens geográficos – o que pode incluir montanhas, rios etc. Por exemplo, uma lista aleatória de locais poderia incluir Austrália, Birmingham, China, Detroit, Everest (montanha), Flórida, e assim por diante.

Regras:
Este jogo se baseia no conhecimento e na memória, então não vale usar livros, atlas ou internet! Nem pense em inventar um nome de lugar também. Em caso de disputa sobre o nome de uma cidade ou ponto geográfico, o jogador deve dizer em que país fica aquele lugar. Um vencedor de uma categoria do jogo pode escolher qual o próximo jogo a ser praticado.

Boa Notícia – Má Notícia

2+   5-99   Média

Boa Notícia - Má Notícia é um jogo em que os participantes devem narrar uma notícia, mas de um jeito diferente!

O Jogo:

Decida quem vai começar. O primeiro jogador deve anunciar uma "boa notícia" e o seguinte deve dar uma "má notícia". Por exemplo:

E estas são as notícias de hoje – haverá sorvete de graça na praia!" – (boa notícia! 😊)

"Mas a má notícia é – estamos indo para as montanhas." – (má notícia ☹)

Usando a imaginação, os jogadores seguintes devem continuar alternando as "boas" e "más notícias" até que todos decidam que o jogo acabou. Um novo jogo pode ser iniciado por um participante diferente com outro assunto – mas lembre-se de não deixar a mesma pessoa dar a "boa notícia" todas as vezes.

Regras:
Repetir uma frase ou assunto que já foi falado não é permitido.

Adivinhe o que Eu Vejo

2+   3-99   Fácil

Adivinhe o que Eu Vejo é um jogo em que os participantes devem adivinhar qual objeto foi escolhido por outra pessoa no carro. Pistas são dadas quanto à localização ou identidade do possível objeto enquanto o carro passa por ele.

O Jogo:

Um jogo simples para jogar com toda a família. Um jogador deve ser escolhido para começar – talvez o vencedor de um jogo anterior? Ele deverá escolher em silêncio um objeto por que o carro passar. Pode ser um animal no pasto, uma placa, outro veículo, ou qualquer coisa. O objeto não deve ser algo raramente visto, porque isso poderia levar muito tempo para se descobrir e estragar o jogo para todos.

Quando o carro passar pelo objeto, quem o escolheu deve dar a pista dizendo algo como "Tem um ali," ou uma frase similar à sua escolha. Os outros jogadores tentam descobrir de qual objeto se trata dentre os que estiverem visíveis do carro no ponto em que a dica foi dada.

Como esse é um teste de observação e memória, é melhor esperar até que o objeto esteja prestes a ser passado, em vez de escolher algo que ainda está bem à frente. Quem acertar vence a rodada e pode escolher o próximo objeto.

Regras:
Quem for escolher deve ser honesto e não mudar o objeto durante o jogo. Itens que fiquem visíveis por menos de cinco segundos não são permitidos.

20 Perguntas

2+ **7-99** **Média**

20 Perguntas é um jogo clássico que ficou muito popular na forma de um programa de rádio que foi ao ar no final da década de 1940, nos EUA. Ele pode ajudar a melhorar o raciocínio lógico em jovens e adultos.

O Jogo:

Antes de começar, uma pessoa é escolhida para responder a até 20 perguntas feitas pelos demais jogadores. Falando um de cada vez, os "perguntadores" tentam descobrir a "identidade", que pode ser uma pessoa, lugar ou coisa, escolhida pelo "respondedor" em segredo, antes de começarem as perguntas. Ajuda se a identidade secreta for escrita antes de começar, para deixar o jogo mais transparente em caso de dúvidas. As perguntas devem sempre ser respondidas com "sim" ou "não".

Se os "perguntadores" não conseguirem descobrir a identidade secreta após 20 perguntas serem respondidas, o vencedor é a pessoa que escolheu aquela identidade secreta: o "respondedor". Se alguém adivinhar corretamente a identidade, fazendo a pergunta vencedora, essa pessoa é quem vai escolher a próxima identidade secreta.

Perguntas típicas feitas neste jogo são: 1) Você é uma pessoa? Resposta: Não. 2) Você é um produto industrializado? Resposta: Não. Continue até fazer 20 perguntas.

Perguntas formuladas com esperteza podem eliminar as possibilidades ou impossibilidades, se for usada uma boa estratégia. Se houver crianças menores que não consigam fazer perguntas que só admitam "sim" ou "não" como resposta, então os jogadores podem permitir respostas como "talvez" ou "pode ser" para aumentar as chances de acerto.

Variação:

Uma variante popular do jogo é Animal, Vegetal, Mineral? Nessa versão, antes de começar as 20 perguntas, o "respondedor" avisa aos jogadores que sua identidade secreta pertence a um ou mais dos reinos animal, vegetal ou mineral. Um exemplo de identidade pertencente ao reino vegetal seria uma mesa, porque é feita de árvores, que crescem naturalmente. A identidade de um objeto pode ser tanto animal quanto mineral se for um cinto – que é feito de couro (animal) e de uma fivela (metal, vindo de uma fonte mineral – minério de ferro).

Ambos os jogos podem ser tão fáceis ou difíceis quanto necessário, levando-se em conta as idades dos participantes. Tenha isso em mente quando for escolher a identidade secreta ou os objetos animais, vegetais ou minerais.

Você é um cantor?

Você é homem?

O que fica num canto e ainda assim pode viajar o mundo todo?

Regras:

Não vale olhar quando o "respondedor" escrever a identidade secreta! Diga sempre a verdade, senão perderá uma vez de ser o respondedor.

Um selo.

Sim É Não

2+ | 5-99 | Fácil

Sim É Não é um jogo bem divertido para toda a família.

O Jogo:

Um jogador é escolhido para responder. Os outros se revezam fazendo uma pergunta de controle, cuja resposta normalmente seria "não" – mas quem estiver respondendo deve dizer o contrário: "sim". Um pouco de criatividade é necessária para que a pessoa dê a resposta certa (mas errada). Um exemplo simples seria alguém perguntar: "Você é uma pessoa malvada?" – a resposta para isso deveria ser "não", mas, neste jogo, a resposta certa é "sim".

Cada jogador deve tentar pensar em uma pergunta que renderia uma resposta engraçada. Se a pessoa der a resposta errada (que seria, na verdade, a resposta "certa"), ela perde e quem fez aquela pergunta passa a ser o próximo a responder – veja quanto tempo as pessoas conseguem dizer "sim" quando querem dizer "não"!

Regras:

Tente não fazer perguntas que poderiam ter duas ou mais respostas conflitantes. Mantenha a coisa simples – é mais divertido assim.

Alfabeto Rápido

2+ 4-99 Fácil

Em **Alfabeto Rápido**, você deve falar depressa. É um jogo divertido em que as crianças podem mostrar seu domínio do alfabeto para todos os outros.

O Jogo:
Os participantes se revezam recitando as letras do alfabeto no menor tempo possível, sem errar. O melhor jeito de jogar é cronometrando. O primeiro jogador deve dizer todas as letras na ordem, sem errar. Quando chegar à última letra (Z), quem estiver cronometrando anuncia o tempo levado. Se o jogador errar, os outros fazem um som de campainha: esse jogador está fora até a próxima rodada e a vez passa para o próximo. Quem recitar mais rápido ganha.

Regras:
Antes de começar o jogo, um árbitro deve ser escolhido para verificar se as pessoas estão recitando corretamente – especialmente na variação com o alfabeto ao contrário.

Variação:
Para os jogadores mais experientes ou mais velhos, tente recitar o alfabeto de trás para a frente contra o relógio.

Quem É a Celebridade?

2+ | 7-99 | Média

Quem É a Celebridade? é um jogo em que cada jogador deve dizer o nome de alguém famoso cujo nome comece com a mesma letra que a última do nome anterior.

O Jogo:

Antes de começar, deve-se decidir qual tipo de celebridade entra no jogo ou se vale qualquer nome famoso.

O primeiro jogador diz o nome de uma pessoa famosa, como, por exemplo, Brad Pitt. O próximo deve dizer o nome de outra personalidade cujo nome comece com a última letra do nome da anterior. Nesse caso, a letra T do nome "Pitt". Então, a próxima pessoa famosa poderia ser o ator Tony Ramos, seguido por alguma celebridade cujo nome comece com S etc. Assim, a sequência poderia seguir este padrão:

Brad Pitt — Tony Ramos — Silvio Santos ...?

Quem não conseguir dar sequência ao jogo com uma inicial correta de celebridade ou pessoa famosa (ou quem não conseguir pensar em um nome qualquer!) está fora do jogo. Se alguém mencionar algum famoso cujo nome e sobrenome comecem com a mesma letra, como Mickey Mouse, isso inverte a ordem do jogo. Quem der um terceiro nome com as duas iniciais iguais está fora!

O último a ficar no final do jogo é o vencedor e pode escolher uma categoria para a próxima rodada.

Variação:

As variações para este jogo são quase infinitas. A categoria escolhida de nome de celebridade pode ser quase qualquer coisa: vivos ou mortos, personagens históricos, romances clássicos, astros de cinema, políticos, cantores ou músicos, personagens de desenho animado ou qualquer outro grupo que venha à mente. As regras são as mesmas para todas as categorias – a menos que os participantes consigam inventar um jeito diferente de jogar!

Regras:

As celebridades devem ser bem conhecidas de todos os jogadores, particularmente quando houver participantes mais jovens. Se houver dúvida, quem nomeou aquela celebridade deve explicar em que campo artístico, profissional ou histórico ela se destaca.

Poemas e Limericks

2+ | 5-99 | Média

Poemas e Limericks pode ser bastante divertido para toda a família. É útil para melhorar o domínio da língua das crianças mais novas, mas pode ser jogado também por adultos.

Diz a lenda que os limericks se originaram na cidade irlandesa de Limerick, e eram originalmente músicas de bar, cantadas por quem havia bebido demais. Isso deu aos limericks uma merecida má reputação que foi legitimada por pessoas como William Shakespeare, que os usou em suas peças "Otelo" e "Rei Lear", e Edward Lear, que escreveu um livro famoso de limericks em 1846.

O Jogo:

Limericks são poemas curtos que tradicionalmente têm apenas cinco versos. As linhas 1, 2 e 5 costumam ter de 7 a 10 sílabas e rimam entre si. As linhas 3 e 4 têm de 5 a 7 sílabas e também rimam entre si. Os jogadores devem tentar criar seus próprios limericks usando essas informações.

Os melhores poemas e limericks vencem a rodada.

Se a brincadeira tiver estimulado a imaginação das crianças no carro, tente fazer com que elas criem um poema por conta própria usando um tema sugerido por você, como o clima, animais, a viagem que se estiver fazendo ou qualquer outro assunto. Isso deve mantê-las distraídas por um bom tempo! Quando tiverem completado os poemas, deixe-as recitá-los uma de cada vez para todos ouvirem. O melhor poema vence.

Parte de um poema:

> Vinde a mim as crianças!
> Pois eu as ouço brincar,
> E as questões e desconfianças
> Deixaram de me atormentar.
>
> – Henry Wadsworth Longfellow

Regras:
Lembre-se: há apenas cinco versos em um limerick – e eles devem rimar na ordem dada anteriormente. Rimas grosseiras ou inapropriadas também não valem!

Quem É?

2+   5-99   Fácil

Em **Quem É?** os jogadores devem adivinhar a identidade de uma pessoa fazendo perguntas cujas respostas só podem ser "sim" ou "não".

O Jogo:

A pessoa que for começar escolhe o nome de alguém que seja conhecido para todos os demais. Esses jogadores se revezam fazendo perguntas para tentar descobrir quem a pessoa misteriosa poderia ser. A resposta para suas perguntas só pode ser "sim" ou "não".

Por exemplo, se a pessoa misteriosa for uma amiga, quem estiver perguntando deve primeiro estabelecer se o grupo conhece a pessoa: "Eu te conheço?" – a resposta é "sim"; "Você é um menino?" – a resposta é "não". Indica que a pessoa é uma garota que o grupo conhece. Podem-se usar as identidades de amigos, familiares, pessoas famosas... Qualquer um, na verdade – vivo ou morto. Se a identidade for descoberta, o jogador que acertou escolhe a próxima pessoa misteriosa.

Regras:

As respostas só podem ser "sim" ou "não". Os jogadores devem formular suas perguntas com isso em mente – perguntas alternativas, como "Você está vivo ou morto?", não podem ser respondidas com as palavras "sim" ou "não"!

Silêncio de Ouro

| 2+ | 3-99 | Difícil |

Silêncio de Ouro é o jogo preferido de pais e de qualquer pessoa que passe bastante tempo em um carro com crianças. Em uma viagem longa, pode dar algum respiro para os adultos já cansados. Eles também podem participar!

O Jogo:

Qualquer número de jogadores pode participar, sejam crianças ou adultos. Antes de começar, deve-se decidir quanto tempo o jogo vai durar. Um limite de tempo ou a distância até a próxima parada pode ser boa ideia – a perspectiva de uma recompensa (também conhecida como persuasão) ao final do jogo deve garantir que a maioria dos jogadores (mas, provavelmente, não todos) se esforce para ganhar.

O jogo começa com uma contagem regressiva 5-4-3-2-1-0 para o silêncio – isso dá aos jogadores uma última chance para berrar, antes que o silêncio comece. O último a falar, ou fazer qualquer som, é o vencedor.

Regras:

Não vale falar depois que a contagem terminar – isso inclui risadas, assovios ou qualquer outro som vocal. Qualquer jogador que tente fazer outro produzir algum som de forma injusta não ganha o prêmio no final. Aproveite!

Sim! Não!

2+   5-99   Fácil

Sim! Não! é um jogo para toda a família. É em forma de perguntas e respostas e o objetivo é responder a perguntas sem usar "sim" e "não".

O Jogo:

Um participante será escolhido para responder primeiro. Os outros se revezam fazendo perguntas ou, se preferirem, apenas um deles fará as perguntas. As perguntas têm o intuito de fazer a pessoa que está respondendo acabar dizendo "sim" ou "não", como:

"Qual o seu nome?" (A pessoa diz o nome.)

"Tem certeza?" (A pessoa não deve responder "sim", mas algo como "Tenho!".)

"Você está certo disso?" (A pessoa não deve dizer "sim", mas confirmar de alguma outra forma.)

As perguntas continuam como em:

"Você gosta de cachorro-quente?" (Responde sem usar "sim" ou "não".)

"Gosta de cachorro-quente com ketchup?" (Responde.)

"Tem certeza?" (Responde.) ...

Se quem está respondendo usar "sim" ou "não" em qualquer pergunta, os outros jogadores fazem um som de campainha e a pessoa perde a vez. O participante que conseguir responder a mais perguntas sem usar essas palavras ganha.

> Você gosta de biscoitos?

> Às vezes.

> Nem sempre?

> Não.

Péééééé!!!

> **Regras:**
> Não faça perguntas que tenham mais de uma resposta. O jogador não deve dar sempre a mesma resposta, senão também é eliminado. Quem estiver respondendo tem cinco segundos para pensar, senão é eliminado pela "campainha".

O que é seu e os outros usam muito mais do que você?

Seu nome.

Contos de Fadas

2+   3-99   Média

Contos de Fadas oferece a cada jogador a oportunidade de dar asas à imaginação inventando histórias fantásticas.

Um conto de fadas é uma história curta baseada em personagens fantasiosos, como fadas, elfos, duendes e ogros. Sempre há um elemento de mágica ou encantamento nesse tipo de história.

O Jogo:

Os jogadores se revezam criando um conto de fadas, que deve ser o mais criativo ou absurdo possível. Eles devem introduzir em suas histórias acontecimentos fantásticos ou ideias criativas que não seriam encontradas na vida real. Isso inclui dragões, bruxas e magos, feitiços e poções, baús de tesouro e castelos encantados – deixe a imaginação correr solta; quanto mais absurdo, melhor. No final da rodada, os jogadores votam em sua história preferida.

Variação:

Crie uma história em grupo e estimule todas as pessoas a contribuir, talvez com cada uma criando duas ou três frases.

Regras:
Cada conto deve ser pensado por quem estiver contando. Personagens de outras histórias podem ser "emprestados" – mas a história em si deve ser criada pelo próprio jogador.

Encontre uma Ligação

2+   **4-99**   Média

Em **Encontre uma Ligação**, os jogadores devem ligar uma série de objetos que tenham uma conexão lógica com a palavra anterior.

O Jogo:

Quem for começar diz uma palavra. O próximo deve encontrar outras palavras ligadas a ela, em sequência, sem repetir uma palavra já mencionada e sem pensar demais.

Por exemplo, se a palavra escolhida for "pássaro", o jogador deve encontrar uma outra que se ligue a ela, depois outra que se ligue a essa última. Uma sequência lógica começando por "pássaro" poderia ser:

Pássaro Corvo Ninho Ovos Omelete...

Na sequência dada, cada palavra tem alguma ligação com aquela imediatamente anterior: um corvo é um tipo de pássaro, ele constrói um ninho em que bota ovos, que servem para fazer omelete, e assim por diante.

Se alguém hesitar, ou repetir uma palavra anterior da sequência, perde e está eliminado daquela rodada. Hesitação é um período mais longo do que contar até três – ou qualquer número combinado antes do jogo, sempre tendo em mente que os jogadores mais novos podem precisar de um pouco mais de tempo para pensar em uma ligação.

Variação:

Cada jogador pensa na maior quantidade possível de objetos que estejam ligados (ou conectados) à mesma letra inicial. O primeiro começa com uma letra escolhida antes do jogo, como, por exemplo, C. Ele deve dizer o maior número de objetos que conseguir começando com C: Campo, Caneta, Copo, Corpo etc., e marca um ponto para cada palavra que conseguir dizer além de seis (ou qualquer número combinado antes do jogo), até que fique sem ideias. Esse jogador escolhe, então, a letra para a vez do próximo. Se alguém não conseguir dizer ao menos seis (ou o número combinado) objetos, a vez passa para o próximo, que deve usar os mesmos objetos e tentar chegar ao número mínimo de itens, a partir da mesma letra.

Regras:

Dicionários e equipamentos eletrônicos estão proibidos. As crianças mais novas podem fazer associação pelos fonemas!

Se Você Está Feliz

1+ 3-99 Fácil

Se você está feliz é uma música alto-astral e que exige coordenação. Se você não a conhece, veja a letra.

O Jogo:

A música pode ser cantada por crianças de todas as idades – ações são permitidas, e até encorajadas, durante a canção.

Ela pode ser repetida várias vezes, então todos podem cantar sozinhos. Para mais de uma pessoa, pode-se cantar um verso cada ou todos juntos – mas não se esqueça das ações!

Se você está feliz bata palmas
Se você está feliz bata palmas
Se você está feliz e quer se comunicar
Se você está feliz bata palmas

Substituir "bata palmas" por "bata os pés", por "dê beijinho", por "dê tchauzinho" e depois por "faça tudo" (nessa parte, você terá de juntar todas as ações).

Variação:

Uma versão mais complicada para crianças maiores é fazê-las cantar em série. Funciona assim: os participantes entram na música um de cada vez, começando do primeiro verso quando o jogador anterior estiver começando a cantar o segundo. Tente! Pode ser caótico, mas é divertido!

A-do-le-ta

2+   3-99   Fácil

A-do-le-ta é uma brincadeira muito conhecida e normalmente feita em formação de roda, mas, quando se está no carro, é importante que cada um continue no seu lugar, apenas esticando os braços para poder executar a brincadeira.

O Jogo:

A música costuma ser cantada com as crianças sentadas em formação de roda, em que se desloca a mão direita de forma a bater com a palma na mão direita do seu componente do lado e assim por diante. O último a ser batido de acordo com a silabação da música sai da brincadeira.

A-do-le-ta
Le-pe-ti
Pe-ti-po-lá
Le café com chocolá
A-do-le-ta
Puxa o rabo do tatu
Quem saiu foi tu.

Motorista

1+ 3-99 Fácil

Motorista também é uma música muito conhecida, diverte e tem tudo a ver com a viagem de carro.

O Jogo:
Este jogo pode ser acompanhado de gestos e efeitos sonoros combinando com cada verso da música.

>Motorista, motorista,
>Olha o poste, olha o poste
>Não é de borracha
>Se bater amassa
>Fom, fom, fom

Velho MacDonald

1+   4-99   Easy

Velho MacDonald (Old MacDonald) é uma canção infantil sobre um fazendeiro chamado MacDonald e os animais de sua fazenda, apreciada pelas crianças porque elas fazem os sons dos animais durante a cantoria. A primeira versão gravada apareceu por volta de 1917 em uma coleção de músicas da 1ª Guerra Mundial escrita por F.T. Nettleingham, cujo título era "Ohio" e falava sobre um fazendeiro daquele estado chamado MacDougal:

> Velho Macdougal tinha uma fazenda em Ohio-o-o
> E na fazenda tinham cachorros em Ohio-o-o...

O Jogo:
A letra moderna da música é:

> Velho MacDonald tinha uma fazenda ia-ia-ô
> E na fazenda tinha um [nome do animal] ia-ia-ô
> Era um [som do animal 3x] pra lá, um [som do animal 3x] pra cá,
> Era um [som do animal 3x] pra todo o lado ia-ia-ô

Se o animal for uma vaca:

> Velho MacDonald tinha uma fazenda ia-ia-ô
> E na fazenda tinha uma vaca ia-ia-ô
> Era um mu-mu-mú pra lá, um mu-mu-mú pra cá,
> Era um mu-mu-mú pra todo o lado ia-ia-ô

E assim por diante com cada animal (há vários deles!).

Por que o galo não atravessou a rua?

Porque queria mostrar para a namorada que não era uma galinha.

O Sapo Não Lava o Pé

1+   3-99   Fácil

O Sapo Não Lava o Pé faz muito sucesso há anos e toda criança adora. Se você não sabe a letra, aí vai:

> O sapo não lava o pé
> Não lava porque não quer
> Ele mora lá na lagoa
> Não lava o pé porque não quer
> Mas que chulé!

Variação:
Uma versão mais complicada para crianças maiores é fazê-la cantar usando apenas uma vogal. E com todas as vogais (a, e, i, o, u).

Por exemplo:

> A sapa na lava pá
> Na lava parca na cá
> Ala mara lá na lagá
> Na lava a pá parca na cá
> Mas ca chalá

1, 2, 3 Indiozinhos

1+   2-99   Fácil

1, 2, 3 Indiozinhos, além de bastante conhecida e divertida, trabalha com números.

O Jogo:

Um, dois, três indiozinhos
Quatro, cinco, seis indiozinhos
Sete, oito, nove indiozinhos
Dez num pequeno bote

Iam navegando pelo rio abaixo
quando o jacaré se aproximou
e o pequeno bote dos indiozinhos
quase, quase, virou!

Variação:

Uma versão mais complicada para crianças maiores é fazê-las cantar em série. Funciona assim: os participantes entram na música um de cada vez, começando do primeiro verso quando o jogador anterior estiver começando a cantar o segundo. Tente!

Música Aleatória

2+   7-99   Fácil

Música Aleatória é um jogo mais moderno e apropriado para as crianças mais velhas – porém os mais novos devem conseguir brincar junto! O jogo testa o conhecimento geral das músicas que eles, ou os adultos, têm em seus tocadores.

O Jogo:

Uma pessoa é escolhida para controlar o tocador. Ele deve ficar no modo aleatório ("random" ou "shuffle"), porque essa é a melhor maneira de descobrir o quanto um jogador conhece do mundo da música.

No jogo, o primeiro a identificar uma música a partir das primeiras notas da introdução ganha um ponto. Quem estiver no controle deixa apenas as duas ou três primeiras notas tocarem antes de apertar a pausa. Se ninguém conseguir identificar a música e o artista, o controlador toca mais algumas notas, e assim por diante, até que alguém identifique corretamente música e artista. O primeiro a chegar aos 10 pontos (ou qualquer número que se decida) vence.

Variação:

1- Outra forma de jogar é com os jogadores se revezando para cantar o primeiro verso de cada música. Quem errar a letra (ou cantar fora de ritmo) perde um ponto. O primeiro a marcar 10 pontos é o vencedor.

2- O controlador do som pausa em intervalos aleatórios no decorrer da música. O jogador seguinte deve cantar o próximo verso – se for instrumental, deve assoviar ou cantarolar as próximas notas.

Regras:

Mantenha um volume razoável para não distrair o motorista – isso se aplica à cantoria, aos assovios e ao volume do tocador.

Cante uma Música com ??? no Título

2+ | 3-99 | Difícil

Em **Cante uma Música com ??? no Título**, os jogadores devem cantar uma música cujo título tenha uma palavra escolhida pelo jogador anterior.

O Jogo:

O primeiro jogador escolhe uma palavra, que deverá fazer parte de algum título de música conhecido pelos outros jogadores.

A palavra pode ser escolhida dentre diversos assuntos. Exemplos de palavras apropriadas vão desde objetos até cores. Apenas pense em algo difícil que você sabe que está no título de alguma música. Lembre-se de que a palavra deve estar no título, e não simplesmente no meio da letra.

Quando a primeira pessoa tiver escolhido a palavra, deve dizer: "Cante uma música com (a palavra escolhida) no título". O jogador seguinte tem cinco segundos para cantar o início de uma música que contenha aquela palavra em seu título. Se ele não conseguir se lembrar de alguma música, perde a vez. O próximo jogador tenta pensar em uma música, mas sem limite de tempo. Isso porque todos os jogadores devem ter tido tempo suficiente para pensar em uma música.

Se a palavra escolhida for "flor", a música poderia ser "Flores" – mas você a conhece? Talvez "Vejo flores em você" seja familiar?

Variação:
Escolha palavras menos conhecidas e procure uma música que contenha essa palavra na letra.

Regras:
As palavras podem aparecer nos títulos das músicas no singular ou no plural. Palavras que soem parecidas também não são permitidas – o título da música deve conter a palavra escolhida, e a única exceção é a permissão de singular e plural.

Que Música É Essa?

| 2+ | 7-99 | Difícil |

Que Música É Essa? se baseia em um programa popular da televisão. Naquela versão, havia uma orquestra que tocava um número específico de notas de uma música para que os participantes adivinhassem. Esta versão não precisa de uma banda – os jogadores dão as pistas de formas diferentes.

O Jogo:

Nesta versão, a orquestra é substituída por um dos jogadores, que deve assoviar ou cantarolar algumas notas de uma música conhecida. O número de notas é escolhido por quem tiver que adivinhar. É melhor pedir um número maior de notas para começar o jogo.

O jogador diz a quem for dar a pista: "Preciso de cinco" (cinco notas), ou qualquer número de notas que escolher. Quem for dar a pista cantarola ou assovia as cinco primeiras notas de uma música. Se o jogador acertar, vence a rodada e é o próximo a dar pistas. Se errar, quem assoviou vence e continua dando as pistas. Pode-se conceder pontos para quem acertar e tirar pontos de quem errar.

Para jogos com dois ou mais participantes (sem contar quem está dando as pistas), os jogadores podem se revezar tentando acertar a música que foi cantarolada – mas, se errarem, perdem o mesmo número de pontos que a quantidade de oponentes. Se acertarem, ganham um ponto para cada adversário derrotado.

Regras:
O limite de tempo para tentar adivinhar é de um minuto.

Letra Falada

2+ | 7-99 | Difícil

Letra Falada é um jogo musical com uma diferença. Em vez de cantar a música, os jogadores devem recitar sua letra.

O Jogo:

Os jogadores decidem quem será o primeiro orador, que deverá recitar a letra de uma música para que os outros tentem adivinhar. As palavras devem ser ditas de maneira dramática ou disfarçada, de modo a quebrar o ritmo normal da música. Mesmo músicas bem conhecidas podem ser disfarçadas apenas mudando-se a ênfase de palavras-chave. O primeiro a identificar corretamente a música vence a rodada e será o próximo orador.

Tente recitar os versos sem usar o ritmo original da música. Use uma entonação de ator shakespeariano ou fale usando uma voz engraçada!

Tente omitir as palavras para dificultar ainda mais! Mesmo músicas bem conhecidas parecem diferentes quando tratadas assim. Tente por si mesmo com esses versos sentir a diferença na entonação da letra.

Regras:
Não vale cantar versos desconhecidos – use apenas os versos principais ou os refrões.

A que Horas Nós Chegamos?

1+ 10-99

Você finalmente chegou ao seu destino!
Bom trabalho!

Só mais uma coisinha para fazer com aquele lápis e papel:

Anote a hora de chegada!
Caso tenha se esquecido, alguns dos jogadores podem estar jogando Velocidade Média. Para completar esse jogo, eles terão que saber a hora de chegada para poder calcular quanto tempo a viagem levou – talvez descontando o tempo das paradas –, ou os demais integrantes do grupo podem querer saber apenas por curiosidade.

Como todos estão animados por terem chegado ao destino, estarão ocupados demais para quererem fazer contas – mas, se você anotar o horário agora, esse cálculo poderá ser feito na viagem de volta!

Loteria da Roda: Chegamos – Vamos Ver Quem Ganhou!

👁	👧🧒 2+	🎂 1-99	⭐ Fácil

Este jogo é popular entre os aviadores, que o usam para decidir quem vai pagar a primeira rodada de bebidas após um voo ou como uma loteria para decidir o vencedor de um bolão. Se uma linha estiver no chão, é declarado um empate. É um jogo simples, porém divertido, que torna o final da viagem um pouco mais interessante. Boa sorte!

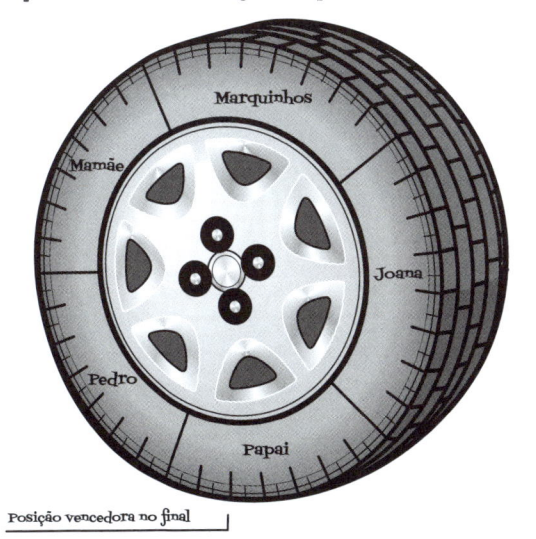

Posição vencedora no final

Agradecimentos

A autora gostaria de agradecer a seus quatro filhos e sete netos pelas experiências que tivemos juntos em tantos anos de viagens de carro. A maior parte dos jogos e passatempos deste livro foi rigorosamente testada por eles.—J.A.

Créditos

Imagens cortesia de Shutterstock, iStockphoto, KG e MG.

LIVROS COQUETEL
Para deixar em forma a parte mais importante do seu corpo:
O CÉREBRO

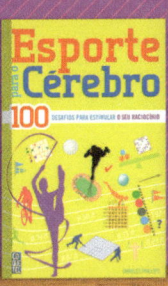

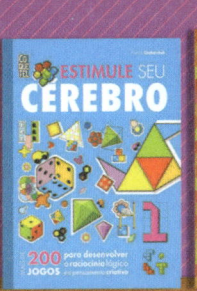

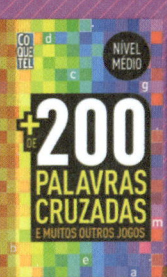

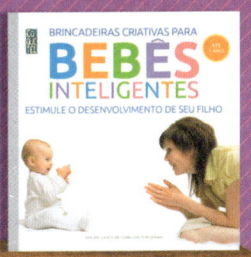

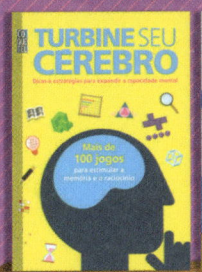

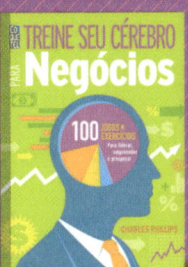

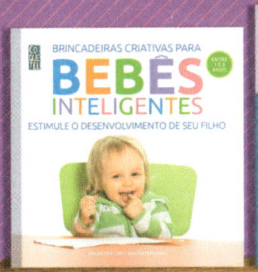

COMPRE ESTES E OUTROS LIVROS NA LOJA SINGULAR lojasingular.com.br/coquetel